BEI GRIN MACHT SICH IH
WISSEN BEZAHLT

- Wir veröffentlichen Ihre Hausarbeit,
  Bachelor- und Masterarbeit

- Ihr eigenes eBook und Buch -
  weltweit in allen wichtigen Shops

- Verdienen Sie an jedem Verkauf

Jetzt bei www.GRIN.com hochladen
und kostenlos publizieren

Bibliografische Information der Deutschen Nationalbibliothek:

Die Deutsche Bibliothek verzeichnet diese Publikation in der Deutschen National-
bibliografie; detaillierte bibliografische Daten sind im Internet über http://dnb.d-
nb.de/ abrufbar.

Impressum:

Copyright © 2017 GRIN Verlag
Druck und Bindung: Books on Demand GmbH, Norderstedt Germany
ISBN: 9783668954564

Dieses Buch bei GRIN:

https://www.grin.com/document/470011

Oliver Honigberger

Mobile Smart Home Plattformen

Der Wettbewerb zwischen Apple und Google

GRIN Verlag

GRIN - Your knowledge has value

Der GRIN Verlag publiziert seit 1998 wissenschaftliche Arbeiten von Studenten, Hochschullehrern und anderen Akademikern als eBook und gedrucktes Buch. Die Verlagswebsite www.grin.com ist die ideale Plattform zur Veröffentlichung von Hausarbeiten, Abschlussarbeiten, wissenschaftlichen Aufsätzen, Dissertationen und Fachbüchern.

Besuchen Sie uns im Internet:

http://www.grin.com/

http://www.facebook.com/grincom

http://www.twitter.com/grin_com

MOBILE SMART HOME PLATTFORMEN

–

DER WETTBEWERB ZWISCHEN APPLE UND GOOGLE

Seminararbeit im Rahmen des Seminars Wirtschaftsinformatik II

Thema Nr. 2

vorgelegt am Betriebswirtschaftlichen Institut der Universität Stuttgart,
Abteilung VIII,
Lehrstuhl für Allgemeine Betriebswirtschaftslehre und Wirtschaftsinformatik II (Unternehmenssoftware)

von Oliver Honigberger

Inhaltsverzeichnis

Abkürzungsverzeichnis

API	Application Programming Interface
BITKOM	Bundesverband Informationswirtschaft, Telekommunikation und neue Medien
BLE	Bluetooth Low Energy
ICIIECS	International Conference on Innovations in Information Embedded and Communication Systems
IDC	International Data Corporation
IEEE	Institute of Electrical and Electronics Engineers
Inc.	Incorporated (Unternehmensrechtsform in den USA)
IoT	Internet of Things
IPv6	Internet Protocol Version 6
LTE	Long Term Evolution (Mobilfunkstandard)
MFi	Made for iPod/iPhone/iPad
RFID	Radio Frequency Identification
SDK	Software Development Kit
SIGCHI	Special Interest Group on Computer-Human Interaction
TLS	Transport Layer Security
URL	Unifrom Resource Locator
WLAN	Wireless Local Area Network

Abbildungsverzeichnis

1 Einleitung

1.1 Problemstellung

Der Begriff Heimautomation kann als Fähigkeit definiert werden, mehrere verschiedene Geräte und Systeme im Haushalt wie Licht-, Heiz- oder Sicherheitssysteme zu automatisieren und zentral zu kontrollieren.[1] 1978 kam mit X10 von Pico Electronics das erste modulare System auf den Markt, das auch für normale Verbraucher erschwinglich war, wobei es zu keiner großen Verbreitung kam.[2] Durch die voranschreitende Entwicklung von Drahtlosnetzwerken Mitte der 2010er kamen erste Plattformen mit eigenen Kommunikationsprotokollen wie ZigBee und Z-Wave auf den Markt.[3] Dabei entwickelte sich in der Wissenschaft bereits die Idee vom Smart Home, in welchem vernetzte Geräte nicht mehr zentral gesteuert werden müssen, sondern sich selbstlernend an die Umgebung und Bewohnergewohnheiten anpassen.[4] Mit der Entwicklung von Bluetooth Low Energy und dem Start von IPv6 2012, wurde ein neues Interesse in der Wissenschaft und der Wirtschaft rund um die Themen Smart Home und „Internet der Dinge" entfacht.[5] Zahlreiche Unternehmen drängten mit unterschiedlichen Lösungen, basierend auf verschiedenen Technologien, auf den Markt.[6] Dadurch ergibt sich das Problem fehlender **Interoperabilität**. Geräte vieler Hersteller sind meist nur mit einem bestimmten System einer zentralen Plattform kompatibel, was eine enorme Intransparenz und **Komplexität** für Anwender bedeutet.[7] 2014 sind Google und Apple in den Smart Home Markt eingestiegen. Beide Unternehmen streben, mit verschiedenen Ansätzen, die Integration des Smart Home Konzeptes mit ihren Plattformen für mobile Endgeräte an.[8] Da die Unternehmen ihre Technologien, Konzepte und Produkte erst in den letzten Jahren schrittweise eingeführt haben, sind noch **keine Erkenntnisse über die Nutzenpotentiale und Marktchancen von mobilen Smart Home Plattformen** vorhanden.

---

[1] Vgl. ABI Research (2010), URL siehe Elektronische Quellen; Brush u.a. (2011), S. 2115;

[2] Vgl. x10.com (2017), URL siehe Elektronische Quellen

[3] Vgl. ZigBee Alliance (2017a); Z-Wave Alliance (2017); URLs siehe Elektronische Quellen

[4] Vgl. Mozer (2005), S. 273ff.;

[5] Vgl. Atzori u.a. (2010), S. 2787f; Mattern, Flörkemeier (2010), S. 108; Xia u.a. (2012), S. 1101

[6] Vgl. Telekom Deutschland GmbH (2017); Robert Bosch Smart Home GmbH (2017); SmartThings (2017); URLs siehe Elektronische Quellen

[7] Vgl. Balta-Ozkan u.a. (2014), S. 67; Stojkoska, Trivodaliev (2016), S. 1461f

[8] Vgl. Apple Inc. (2016d); Apple Inc. (2016e); Google Inc. (2013), S. 49; URLs siehe Elektronische Quellen

1.2 Zielsetzung und Forschungsfragen

Die vorliegende Arbeit ist explorativ ausgelegt und verfolgt die Zielsetzung einen Überblick über die aktuellen Technologien und die Marktsituation im Smart Home Bereich zu schaffen. Dabei soll die Untersuchung der Ansätze von Google und Apple, mobile Plattformen Smart Home fähig zu machen, Erkenntnisse über neue Konzepte und Möglichkeiten liefern. Die Untersuchungsziele erfordern die Beantwortung folgender **Forschungsfragen**:

Erste Forschungsfrage: Welche Nutzenpotentiale haben mobile Plattformen im Kontext Smart Home für Nachfrager?

Zweite Forschungsfrage: Welche Chancen bestehen für die Ansätze der Unternehmen Apple und Google, sich mit ihren mobilen Plattformen im Smart Home Markt zu etablieren?

Die Forschungsfragen werden fallbezogen anhand der mobilen Plattformen der betrachteten Unternehmen beantwortet. Eine Objektivierung der Forschungsergebnisse auf vergleichbare Plattformen ist möglich, jedoch durch das Quasi-Duopol der Plattformen von Google und Apple aktuell schwer anwendbar.

1.3 Vorgehensweise und Aufbau der Arbeit

Die Arbeit ist in zwei Hauptteile gegliedert. Im ersten Teil wurde mittels **Literaturrecherche, Webdokumenten und Statistiken** ein Überblick über die Entwicklung des Smart Home Markts, und den damit verbundenen Technologien, gegeben. Der zweite Teil umfasst die **Falluntersuchungen** der mobilen Plattformen von Apple und Google. Aufgrund der Aktualität sind hierzu bisher keine wissenschaftlichen Texte veröffentlicht worden. Die Informationen wurden größtenteils der Webauftritte von Apple und Google, sowie Partnerunternehmen und Wirtschaftsmagazinen entnommen. Weiterhin wurden Statistiken von Marktforschungsunternehmen herangezogen. Die Arbeit ist in vier Kapitel strukturiert. Das der Einleitung folgende **Kapitel 2** umfasst die aktuelle Smart Home Marktsituation und identifiziert mögliche Treiber und Barrieren im Markt. In **Kapitel 3** folgen die Falluntersuchungen, beginnend mit der funktionalen Beschreibung der einzelnen Plattformen um die erste Forschungsfrage zu beantwortet. Anschließend wurden die Chancen und Risiken der beiden Plattformen im Markt erörtert, um die zweite Forschungsfrage zu beantwortet. In **Kapitel 4** wurde aus den Erkenntnissen entlang des Untersuchungsverlaufs ein Fazit gezogen und ein Ausblick auf zukünftige Entwicklungen gegeben.

2 Der Smart Home Markt

2.1 Von der Heimautomation zum Smart Home

Die Wissenschaft beschäftigte sich erstmals mit dem Thema Hausautomation vor allem in Bezug auf Smart Grids und auch heute steht die Forschung zur nachhaltigen Energiegewinnung und -nutzung noch oft im Fokus.[9] Mitte der 2010er hat sich im Zusammenhang mit der RFID (Radio Frequency Identification) Technologie und Sensornetzwerken der Begriff **Internet der Dinge** durchgesetzt und sich bis heute zu einem eigenen Forschungsfeld entwickelt.[10] Die bisher nicht eindeutig definierte Bezeichnung „Internet der Dinge" (IoT; engl.: Internet of Things) kann als Oberbegriff für die Vernetzung von alltäglichen Gegenständen mit dem Internet verstanden werden.[11] Durch eingebettete Informations- und Kommunikationstechnologien, Sensoren und Aktuatoren, werden Alltagsgegenstände zu intelligenten Geräten (engl. Smart Devices, z.B. Smartphones oder Smart TVs), die mit Menschen und untereinander kommunizieren und interagieren können.[12] Die Heimautomation war einer der ersten Bereiche die im Kontext IoT von Wirtschaft und Wissenschaft aufgegriffen wurden.[13] Dabei hat sich das Streben nach einem automatisiertem Heim hin zu einem intelligenten, adaptiven Heim – einem **Smart Home** entwickelt. Einige Konzepte, wie das von Mozer 2005, sehen ein vernetztes System adaptiver Objekte mit autarkem Verhalten vor, das sich selbstlernend an die Gewohnheiten der Hausbewohner anpasst und keiner zentralen Steuerung bedarf.[14] Dabei ist davon auszugehen, dass eine internetbasierte Integration mit den mobilen Endgeräten oder Transportmitteln der Nutzer notwendig ist, um z.B. standortbedingte prädiktive Entscheidungen zu treffen, wenn der Bewohner außer Haus ist.

2005 haben die ZigBee Allianz und die Z-Wave Allianz die bisher führenden zwei Spezifikationen für die Drahtloskommunikation von Heimautomationsobjekten auf den Markt gebracht.[15] Mit der Veröffentlichung von Bluetooth Low Energy (BLE)

---

[9] Vgl. u.a. Brush u.a. (2011); Lilis u.a. (2016), Meyers u.a. (2010); Stojkoska, Trivodaliev (2016)

[10] Vgl. Atzori u.a. (2010), S. 2787f; Mattern, Flörkemeier (2010), S. 108; Xia u.a. (2012), S. 1101

[11] Vgl. Gubbi u.a. (2013), S. 1645 f., Sruthi, Rajkumar (2016), S. 1; Xia u.a. (2012), S. 1101

[12] Vgl. Atzori u.a. (2010), S. 2787f.; Gubbi u.a. (2013), S. 1645f.; Xia u.a. (2012), S. 1101

[13] Vgl. Stojkoska, Trivodaliev (2016), S. 1455

[14] Vgl. Brush u.a. (2011), S. 2115; Mozer (2005), S. 273ff.;

[15] Vgl. ZigBee Alliance (2017a); Z-Wave Alliance (2017); URLs siehe Elektronische Quellen

2010 und IPv6 2012 wurden zusätzliche Technologien eingeführt und damit die Grundlage einer ubiquitären Vernetzung von Alltagsgegenständen geschaffen.[16] Anfang des Jahrzehnts sind Unternehmen aus verschiedenen Branchen von Telekommunikation über Elektronik bis Energie, sowie spezialisierte Start-Ups auf den neuen Smart Home Markt gedrängt. Unternehmen wie die deutsche Telekom, Bosch, Samsung und RWE bieten eigenständig oder in der Allianz mit Partnern Smart-Home Plattformen an. Diese basieren meist auf lokalen Drahtlostechnologien wie Zigbee, Bluetooth oder WLAN (Wireless Local Area Network) und einem bestimmten Kommunikationsprotokoll. Mithilfe von zentralen, mit Cloud-Plattformen verbundenen Smart Hubs, lassen sich kompatible Geräte verschiedener Hersteller integrieren.[17] Die in der vorliegenden Arbeit zu betrachtenden Unternehmen stiegen beide 2014 in den Markt ein. **Google** akquirierte für 3,2 Milliarden US Dollar **Nest Labs**, welches sich auf intelligente Thermostate und Rauchmelder spezialisiert hat.[18] **Apple** stellte mit dem Release von iOS 8 das **HomeKit** Framework für die Kommunikation und Steuerung von Smart Home Geräten vor.[19] Beide Unternehmen streben eine starke Integration der Smart Home Welt mit ihren mobilen Plattformen an. Neue Protokolle sollen Geräte verschiedener Hersteller direkt mit einander, dem Internet und dem Smartphone der Nutzer verbinden und so eine einfachere, intuitivere Benutzererfahrung gewährleisten.[20]

2.2 Treiber und Barrieren im Markt

Nachdem wesentliche Technologien und darauf aufbauende Produkte erst in den letzten Jahren eingeführt wurden, ist davon auszugehen, dass sich der Smart Home Markt noch am Anfang seiner Wachstumsphase befindet. Entsprechend prognostiziert Statista in einer Studie von 2016 einen Umsatzanstieg von knapp 10 Milliarden Euro 2015 auf circa 70 Milliarden Euro 2021.[21] In einer weiteren Marktstudie von Deloitte 2013, werden neben den oben genannten Entwicklungen zur Digitalen Vernetzung auch folgende, demografische und soziologische **Treiber** identifiziert:

[16] Vgl. Internet Society (2014), Sruthi, Rajkumar (2016), S. 1

[17] Vgl. innogy SE (2017); Telekom Deutschland GmbH (2017); Robert Bosch Smart Home GmbH (2017); SmartThings (2017); URLs siehe Elektronische Quellen

[18] Vgl. Google Inc. (2013), S. 49 und Nest Labs Inc. (2017c); URLs siehe Elektronische Quellen

[19] Vgl. Apple Inc. (2016d); Apple Inc. (2016e); URLs siehe Elektronische Quellen

[20] Vgl. Apple Inc. (2016c); Google Inc. (2017e); URLs siehe Elektronische Quellen

[21] Vgl. Statista GmbH (2016b); URLs siehe Elektronische Quellen

- **„Demografische Trends:** Zunehmend alternde Gesellschaft, Steigende Zahl an Single-Haushalten und Alleinerziehenden, Potenzial für digitale Gesundheits- und Überwachungslösungen.

- **Home Lifestyle:** Steigende Bedeutung des eigenen Zuhauses („Cocooning"-Trends), Zunehmende Zahlungsbereitschaft für Smart Home Devices und Dienste.

- **Umweltbewusstsein:** Steigendes Umweltbewusstsein, Energieeffizienz zunehmend wichtig, Heimautomation profitiert von Nachhaltigkeits-Trend."[22]

Dabei wird sich nach Deloitte und Statista insbesondere der Volumenmarkt entwickeln, in welchem benutzerfreundliche und kostengünstigere Nachrüstlösungen angeboten werden.[23] Gibt man die Begriffe „Smart Home" und „Internet der Dinge" in die Google Suchbegriffanalyse google.de/trends ein, wird das erhebliches Wachstum des Interesses ab 2012 für diese Themen deutlich:

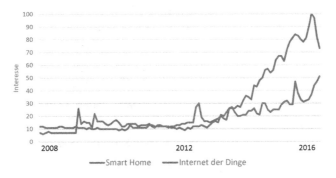

Abb. 2-1 Interesse von Suchbegriffen bei Google[24] bis Ende 2016

Die oben identifizierten Trends und Treiber lassen weiteres Marktwachstum annehmen. Dennoch ist eine Betrachtung bisheriger Adaptionshemmnisse und bestehender Barrieren notwendig, um eine Beurteilung der Ansätze von Google und Apple im Markt vorzunehmen.

---

[22] Vgl. Kum u.a. (2013), S. 4
[23] Vgl. Kum u.a. (2013), S. 14; Statista GmbH (2016c), S. 12, URL siehe Elektronische Quellen
[24] Eigene Darstellung mithilfe von Daten von Google Trends: Google Inc. (2017c)

In der Literatur und Studien wurden die hohen **Kosten** der Systeme als bisher größtes Wachstumshemmnis im Markt identifiziert.[25] Auch noch 2016 gaben in einer Statista Umfrage für den deutschen Markt, 48 Prozent von 1,008 Befragten zu hohe Preise als Grund dafür an, noch nicht in Smart Home zu investieren.[26] Mit dem anzunehmenden Wachstum im Volumenmarkt könnte diese Barriere bald wegfallen. Eines der aktuell größten Probleme besteht in der fehlenden **Interoperabilität** der Angebote verschiedener Hersteller. Die Inkompatibilität ergibt sich insbesondere durch die Verwendung unterschiedlicher Datenübertragungstechniken und Kommunikationsprotokolle der Plattformanbieter. So kann bspw. ein Z-Wave Smart Light nicht direkt mit ZigBee Steuereinheiten kommunizieren.[27] Dieses Problem wird auch durch die Hersteller und Allianzen verursacht, welche ihre Technologien in Silos vorantreiben.[28] Zwar werden auch Smart Hubs angeboten, die mehrere Funkstandards und Protokolle unterstützen, jedoch wird hier vom Anwender ein Grundwissen über die Technologien und deren Kompatibilität gefordert. Diese aktuelle **Komplexität** und die fehlende Transparenz durch Anbieter verhindert eine befriedigende Benutzererfahrung und erschwert die Produktauswahl. In der oben genannten Statista Umfrage gaben 30 Prozent der Befragten „Kenne mich zu wenig aus"[29] als Hemmnis an. Darüber hinaus sind die Bedenken der Nachfrager in Bezug auf ihre **Sicherheit und Privatsphäre** zu nennen. Intelligente Kühlschränke, Türschlösser, Musik- und TV-Systeme oder Kameras sollen mit dem Internet verbunden werden und Daten über deren Nutzung auf Cloud-Servern der Anbieter gesammelt werden. Anbieter müssen Sicherheitsmaßnahmen in ihre Systeme implementieren und diese kommunizieren, um die Privatsphäre potentieller Kunden zu schützen.[30]

Im folgenden Kapitel sollen die Konzepte und Angebote von Apple und Google für den Smart Home Markt genauer vorgestellt werden. Auf Grundlage der oben beschriebenen, aktuellen Marktsituation sowie anhand der identifizierten Barrieren soll erörtern werden, welchen Nutzen die beiden Unternehmen mit ihren mobilen Plattformansätzen bringen und welche Chancen sie im Markt haben.

---

[25] Vgl. Balta-Ozkan u.a. (2014), S. 68; Brush u.a. (2011), S. 2119; Meyers u.a. (2010), S. 569;

[26] Vgl. Statista GmbH (2016a), S.19, URL siehe Elektronische Quellen

[27] Vgl. Balta-Ozkan u.a. (2014), S. 67; Stojkoska, Trivodaliev (2016), S. 1461f.;

[28] Vgl. Balta-Ozkan u.a. (2014), S. 66

[29] Statista GmbH (2016a), S. 19, URL siehe Elektronische Quellen

[30] Vgl. Balta-Ozkan u.a. (2014), S. 67f.; Statista GmbH (2016a), S. 19, URL siehe Elektronische Quellen

3   Mobile Smart Home Plattformen – Google vs. Apple

3.1   Plattformen und Geschäftsmodelle

Apple Inc. ist zurzeit das wertvollste Unternehmen der Welt. Kurz dahinter der 2015 gegründete Google Mutterkonzern Alphabet Inc.[31] Das mobile Betriebssystem Android von Google ist mit einem Marktanteil von circa 87 Prozent Marktführer. Gefolgt von Apple iOS mit circa 13 Prozent.[32] Android, welches quelloffen entwickelt wird, wird von einer Vielzahl von Herstellern lizensiert, während iOS ausschließlich auf Apple Endgeräten verfügbar ist.[33] Größter Hersteller für Android ist Samsung, welcher mit 20 Prozent Absatzführer im Smartphone-Markt ist. Wieder gefolgt von Apple mit 12,5 Prozent.[34] Google und Apple versuchen seit 2014 die Marktmacht ihrer mobilen Plattformen zu Nutzen um sich im Smart Home Markt zu etablieren.[35] In den folgenden Unterkapiteln sollen die jeweiligen Plattformansätze und Geschäftsmodelle aus den Geschäftspraktiken abgeleitet und verglichen werden.

3.1.1   Apple Smart Home Plattform

2014 führte Apple mit dem Release von iOS 8 das HomeKit ein – ein Framework für die Kommunikation und Steuerung von angeschlossenen Smart Home Geräten, die das HomeKit Accessory-Protokoll von Apple unterstützen.[36] Die physische Datenübertragung zwischen iOS Geräten und HomeKit Objekten erfolgt drahtlos über WLAN oder Bluetooth.[37] Durch das neue Protokoll sollen iPhone oder iPad zentrale Steuereinheiten und Smart Hubs ersetzten. Auf den ersten Blick scheint das, eine deutliche Verringerung der Komplexität für den Nutzer zu bedeuten. Abbildung 3-2 zeigt eine Darstellung des HomeKit Ökosystems als Plattformmodell. Da Apple selbst keine eigenen Smart Devices herstellt, ist anzunehmen, dass die Strategie darauf basiert, mehr der bestehenden iOS-Geräte zu verkaufen und Einnahmen durch die Lizenzverträge mit App-Entwicklern und Geräteherstellern zu erwirtschaften.

---

[31] Vgl. Forbes Inc. (2016); Yahoo! Inc. (2017a); Yahoo! Inc. (2017b); URLs siehe Elektronische Quellen

[32] Vgl. IDC (2016), URL siehe Elektronische Quellen

[33] Vgl. Tilson u.a. (2012), S. 1327ff.

[34] Vgl. Statista GmbH (2016d), URL siehe Elektronische Quellen

[35] Vgl. Apple Inc. (2016d); Apple Inc. (2016e); Google Inc. (2013); URLs siehe Elektronische Quellen

[36] Vgl. Apple Inc. (2016d), URL siehe Elektronische Quellen

[37] Vgl. Tilley (2015), URL siehe Elektronische Quellen

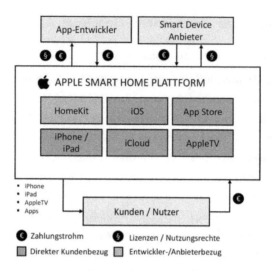

Abb. 3-1 Apple Smart Home Plattform[38]

Um Produkte für die HomeKit-Plattform entwickeln bzw. herstellen zu dürfen müssen Drittanbieter dem mit Gebühren verbundenen MFi (Made for iPod/iPhone/iPad) Lizenzprogramm von Apple beitreten. Mit der MFi Lizenz erhalten Anbieter die Möglichkeit technische Spezifikationen, Hardware-Komponenten oder Support einzukaufen sowie die Erlaubnis ihre Produkte mit Zertifizierungs-Logos zu kennzeichnen (siehe Abb.3-1).[39]

Abb. 3-2 HomeKit MFi Logo[40]

Aktuell bieten 23 verschiedene Anbieter etwa 79 HomeKit Produkte, wie intelligente Leuchtmittel, Thermostate und Steckdosen, an.[41] So sind kompatible Produkte für den Nutzer leicht zu erkennen. Jedoch verschärft dieser Ansatz das Problem fehlender Interoperabilität zu Geräten mit anderen Funkstandards und Protokollen (siehe Kapitel 2.2).

---

[38] Eigene Darstellung anhand der im Text verwendeten Quellen
[39] Vgl. Apple Inc. (2016b), URL siehe Elektronische Quellen
[40] Apple Inc. (2016b), URL siehe Elektronische Quellen
[41] Vgl. Apple Inc. (2016f), URL siehe Elektronische Quellen

Da die Konfiguration der Smart Home Geräte in einer lokalen Datenbank auf dem iPhone oder iPad des Nutzers erfolgt ist für die lokale Steuerung keine Internetanbindung erforderlich. Durch eine ausschließlich lokale Bedienung wäre zwar die Benutzererfahrung eingeschränkt, jedoch werden Nachfragern so Bedenken bezüglich ihrer Sicherheit und Privatsphäre durch unbefugte Zugriffe genommen. Ein Fernzugriff ist nur mittels iCloud und einem AppleTV als Steuerzentrale möglich.[42] Über iCloud kann die Konfigurationsdatenbank auch mit weiteren iOS-Geräten synchronisiert werden.[43] Die Datenbank ist außerdem für den Sprachassistenten Siri zugänglich, was eine Steuerung von Geräten per Sprachbefehl ermöglicht.[44] Seit iOS 10 wird die hauseigene Home-App mitgeliefert, mit der die Administrierung und Steuerung von HomeKit Geräten durch den Benutzer erfolgt. Mit der Home-App können alle Produkte, die mit dem HomeKit MFi Logo gekennzeichnet sind verwaltet und gesteuert werden. Mehrere Geräte können zu Räumen vereint werden und mittels Szenen gleichzeitig gesteuert werden. Zusätzlich sind Funktionen für zeit- oder standortbasierte Aktionen gegeben. Durch das Framework, einer offenen API und den iOS SDKs (Software Development Kit) wird auch Dritten ermöglicht eigene Apps zu entwickeln. HomeKit befähigt eine einzelne App Smart Devices verschiedener Hersteller zu verwalten und zu steuern ohne eine Koordination zwischen den Anbietern erforderlich zu machen. Drittanbieter-Apps werden folgende drei Hauptfunktionen angeboten:

1. HomeKit Objekte zu erkennen und diese zu einer persistenten Cross-Device Home-Konfigurationsdatenbank hinzufügen

2. Anzeigen, Bearbeiten und Ausführen auf der Home-Konfigurationsdatenbank und

3. Kommunikation mit HomeKit Objekten und Diensten um Aktionen einzuleiten.[45]

Die Suche nach „HomeKit" im Apple App Store ergibt momentan 100 Treffer an Apps verschiedener Entwickler (Stand 02.01.2017).

---

[42] Vgl. Apple Inc. (2016a), URL siehe Elektronische Quellen
[43] Vgl. Apple Inc. (2016d), URL siehe Elektronische Quellen
[44] Vgl. Apple Inc. (2016c), URL siehe Elektronische Quellen
[45] Vgl. Apple Inc. (2016c), URL siehe Elektronische Quellen

3.1.2 Google Smart Home Plattform

Mit der Akquirierung von Nest Labs (Nest) 2014 stieg Google direkt in den Markt für Smart Devices ein.[46] Nest ist mittlerweile direkte Tochter der Google Holding Alphabet.[47] Kernprodukt ist das Nest Thermostat, welches das Heizungssystem selbstlernend an die Umgebung sowie Bewohnergewohnheiten anpassen soll, um Energie zu sparen.[48] Intelligente Rauchmelder sollen die Funktion durch frühzeitige Erkennung von Hitze und Kohlenstoffmonoxid in der Umgebung erweitern. Schlägt das System Alarm sollen z.b. Bewohner durch Sprachausgabe gewarnt oder im Notfall das Heizsystem automatisch abgeschaltet werden.[49] Im Juli 2014 wurde die Akquisition von Dropcam Inc. für ca. 517 Millionen US Dollar bekanntgegeben.[50] Die von Dropcam entwickelten, intelligenten Indoor- und Outdoor-Überwachungskameras wurden in das Produktportfolio von Nest integriert.[51] Die physische Datenübertragung der Produkte erfolgt bisher über WLAN und BLE sowie über den IEEE 802.15.4 Kurzstreckenfunk-Standard, auf dem auch ZigBee basiert.[52] Nest ist Teil der Thread Group, die 2015 das, auf IPv6 basierende, Netzwerkprotokoll **Thread** veröffentlichte, um einfache, sichere, energieeffiziente und stabile Konnektivität vom eigenen Heim zum Internet der Dinge sicherzustellen. In einem robusten Mesh-Netzwerk, sollen IPv6-Verbindungen über energieeffizienten 802.15.4-Funk auch direkt zwischen den Geräten ermöglicht werden. Thread definiert keine Anwendungsschicht, stellt jedoch mit entsprechender Zertifizierung sicher, dass alle auf Thread basierenden Anwendungen und Geräte kompatibel sind.[53] Zudem wurde mit der ZigBee Allianz eine Kollaboration bekannt gegeben um ZigBee Kontrollbibliotheken auf Thread lauffähig zu machen.[54] 2016 veröffentlichte Nest mit OpenThread eine Open-Source Version von Thread um, nach eigenen Angaben, eine breitere Adaption von Thread zu erreichen.[55] Mit dem neuen Protokoll und Unternehmen wie Amazon, Crestron, Microsoft, Philips, Bosch, Siemens und Samsung als Teil der

---

[46] Vgl. Google Inc. (2013), S. 49 und Nest Labs Inc. (2017c); URLs siehe Elektronische Quellen
[47] Vgl. Alphabet Inc., Google Inc. (2015); URLs siehe Elektronische Quellen
[48] Vgl. Nest Labs Inc. (2017d), URL siehe Elektronische Quellen
[49] Vgl. Nest Labs Inc. (2017b), URL siehe Elektronische Quellen
[50] Vgl. Alphabet Inc., Google Inc. (2015); URLs siehe Elektronische Quellen
[51] Vgl. Nest Labs Inc. (2017b) und Nest Labs Inc. (2017a); URLs siehe Elektronische Quellen
[52] Vgl. Nest Labs Inc. (20016), URL siehe Elektronische Quellen
[53] Vgl. Christiano (2015), URL siehe Elektronische Quellen
[54] Vgl. ZigBee Alliance (2016), URL siehe Elektronische Quellen
[55] Vgl. Nest Labs Inc. (2016a), URL siehe Elektronische Quellen

Thread Group, sind Google und Nest gut im Protokollkampf aufgestellt.[56] Sollte sich Thread in Zukunft durchsetzen, wäre die Grundlage für ein interoperables Smart Home und Internet der Dinge geschaffen und die Komplexität für Nutzer reduziert.

Nest selbst entwickelte das Anwendungsprotokoll **Weave** für seine Produkte und gab dieses im Oktober 2015 für Entwickler frei. Weave läuft über Thread und WLAN und soll in Zukunft auch über Bluetooth, LTE und Ethernet laufen.[57] Weave kann als Antwort auf Apple HomeKit gesehen werden.[58] Die Steuerung der Produkte erfolgt ebenfalls über Smartphones oder Tablets, wobei sowohl Android als auch iOS unterstützt werden. Bisher konnten Drittanbieter nur mittels Application Programming Interface (API) Server über die Cloud mit Nest Produkten kommunizieren. Sicherheit wird dem Nutzer dabei durch Verschlüsslungs- und Authentifizierungsverfahren wie TLS und OAuth2.0 sowie eigener Ende-zu-Ende-Verschlüsslungen auf der Anwendungsschicht versprochen. Die Privatsphäre soll, ähnlich wie bei Apps, durch die Zugriffsgenehmigung auf bestimmt Daten durch den Nutzer gesichert werden.[59] Mit Weave können Geräte, welche denselben Funkstandard nutzen, direkt miteinander kommunizieren.[60] Nest bietet ein ähnliches Zertifizierungsprogramm wie Apple an (siehe Abb. 3-3).

Abb. 3-3 Works with Nest Logo[61]

Auf der Google I/O Entwicklerkonferenz im Mai 2015 präsentierte Google das Projekt „Brillo", ein von Android abgeleitetes Betriebssystem für das Internet der Dinge.[62] Brillo wurde mittlerweile in „Android Things" umbenannt und soll auf Mikroprozessorgeräten ab 35 Megabyte Arbeitsspeicher laufen.[63] Dabei sollen das gleiche Framework und dieselben APIs wie bei Android für Entwickler bereitgestellt

[56] Vgl. Thread Group (2017), URL siehe Elektronische Quellen
[57] Vgl. Nest Labs Inc. (2016d); Nest Labs Inc. (2016c)
[58] Vgl. Higginbotham (2015), URL siehe Elektronische Quellen
[59] Vgl. Nest Labs Inc. (2016b), URL siehe Elektronische Quellen
[60] Vgl. Nest Labs Inc. (2016c), URL siehe Elektronische Quellen
[61] LiftMaster (2017), URL siehe Elektronische Quellen
[62] Vgl. Google Inc. (2015), URL siehe Elektronische Quellen
[63] Vgl. Beare (2016), S.3

werden.[64] Gleichzeitig wurde die Weave Kommunikationsplattform mit dem Weave Device SDK und dem Weave Server vorgestellt, um Herstellern die Möglichkeit zu geben, ihre Geräte mit Google Cloud Services zu verbinden. Google Weave unterscheidet sich zum Nest Protokoll und ist aktuell für Linux-Distributionen sowie für die System-on-a-Chip (SoC) Lösungen Qualcomm QCA4010 und Marvell MW302 verfügbar. Das offene Google Weave Protokoll läuft über Thread, BLE, WLAN und Ethernet. Momentan werden drei Gerätetypen unterstützt: Licht, TV, Wandschalter, Steckdosen und Thermostate.[65] Inwieweit Google Weave und Nest Weave kompatibel sind, ist nicht bekannt, was bisher wenig Transparenz für Kunden bei der Produktauswahl bedeutet.

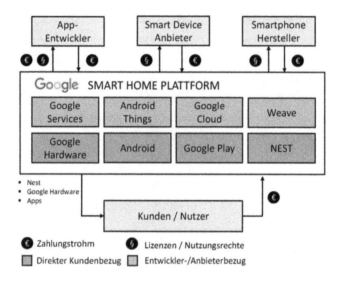

Abb. 3-4 Google Smart Home Plattform[66]

Abbildung 3-4 stellt eine Gesamtplattform aller Smart Home angelehnten Plattformen von Google dar, sowie damit interagierende Akteure. Als Anbieter der verschiedenen Plattformen, können durch kostenpflichtige Lizenzen für Betriebssysteme, Protokolle und Cloud Services Einnahmen gemacht werden. Zusätzlich werden

---

[64] Vgl. Google Inc. (2016a), URL siehe Elektronische Quellen
[65] Vgl. Beare (2016), S. 5; Google Inc. (2016b), URL siehe Elektronische Quellen
[66] Vgl. Eigene Darstellung anhand der im Text verwendeten Quellen

über die Nest-Produktpalette Einnahmen gemacht. Auch unter der Marke Google werden Hardware-Produkte an Endkunden vertrieben, wie das Smartphone Pixel.[67] Speziell für den Smart Home Markt wurde 2016 Google Home vorgestellt – ein netzfähiges Gerät mit Lautsprecher und Mikrofon, um mit dem Sprachassistenten von Google zu kommunizieren. Über Sprachbefehle können bisher diverse Apps und Streaming-Lösungen sowie die Smart Home Lösungen von Nest, Philips, IFTTT und Samsung Smart Things gesteuert werden.[68] Technische Details über Protokolle und Funkstandards sind noch nicht bekannt.

Google, Nest und ihre Partnern bieten, von grundlegenden Technologien über Cloud Plattformen und Services bis zu den intelligenten Geräten selbst, alles was es für ein Smart Home benötigt. Es bleibt die Frage zu klären, inwiefern sich diese Technologien und Produkte in Zukunft auf dem Markt durchsetzen werden, was im folgenden Kapitel erörtert werden soll.

3.2 Chancen und Risiken der Plattformen

Apple hat mit HomeKit und iOS als zentrale Plattform gute **Chancen** seine bestehenden Kunden davon zu überzeugen in kompatible Produkte zu investieren. Vor allem die Möglichkeit ohne Internetanbindung auszukommen, wird viele potentielle Nachfrager mit Bedenken um ihre Sicherheit und Privatsphäre ansprechen. Mit seiner Lösung geht Apple auf iPhone und iPad-Kunden zu, die auf der Suche nach einem einfachen Weg sind, vernetzte Geräte im Haus hinzuzufügen und zu steuern. Dass HomeKit als Verkaufsargument für iOS Geräte genutzt werden kann, ist bei der geringen Produktauswahl sowie der eingeschränkten Nutzungsszenarien unwahrscheinlich. Ein erhebliches **Risiko** besteht in der Zukunftssicherheit des, in iOS eingebetteten, HomeKit-Protokolls, welches nur auf BLE und WLAN kommuniziert. Ein Kunde, der bspw. eine HomeKit Steckdose von Elgato kauft, wird diese nur mit einem iOS-Gerät konfigurieren und steuern können oder muss in teure Gateways investieren.[69] Weiterhin können Geräte nicht direkt miteinander kommunizieren,

---

[67] Vgl. Google Inc. (2017d), URL siehe Elektronische Quellen
[68] Vgl. Google Inc. (2017b); Google Inc. (2017a); URLs siehe Elektronische Quellen
[69] Vgl. Amazon.com (2017), URL siehe Elektronische Quellen

was eine Einbindung in zukünftige Szenarien von einem lernenden, adaptiven Smart Home unmöglich macht.

Die größte **Chance** für **Google** und Nest besteht in der Etablierung des Thread Protokolls am Markt. Damit wäre der Weg für eine Verbreitung der darauf laufenden Weave Protokolle geebnet und Android Thing könnte zur perfekten Entwicklungsplattform für Smart Devices heranwachsen. Dies würde wiederum das Geschäft mit eigener Hardware und den Google Cloud Plattformen und Services vorantreiben. Und da Thread mehrere Funktechniken unterstützt, IPv6 basiert ist und ein Mesh-Netzwerk implementiert, können auch iOS Geräte via entsprechender Apps eingebunden werden. Eine derartige Entwicklung hätte sowohl für Entwickler und Hersteller als auch für Endkunden Vorteile. Fast 87 Prozent abgesetzter Smartphones laufen auf Android. Somit würde eine zukünftige Thread und Weave Integration für einen sehr großen, potentiellen Kundenkreis eine einfache Smart Home Einrichtung und Nutzung bedeuten. Gleichzeitig würde eine Etablierung von Thread als IoT-Standard, eine einheitliche Grundlage für Entwickler und Hersteller bieten. **Risiken** bestehen darin, diese Nutzenpotentiale Herstellern und dem Endkunden zu kommunizieren. Während bereits etablierte Plattformen wie ZigBee und Z-Wave versuchen ihre Stellungen auszubauen, sind Thread, Android for Things und die Weave Protokolle noch sehr unsicher aufgestellt.[70] Ein weiteres Risiko könnten Kunden und Organisationen sein, die eine derartige Machtposition von Google als Gefahr für die Privatsphäre sehen könnten. Insgesamt lässt sich festhalten, dass Google wesentlich mehr Investitionen und Anstrengungen unternommen hat, um im Smart Home Markt eine Vormachtstellung zu erhalten. Sucht man beim Europäischen Patentamt mit den Stichwörtern „Smart Home" und „Home Automation" findet man für Google 104 und für Apple lediglich 4 Patente.[71] Somit kann angenommen werden, dass Google weitere Anstrengungen unternehmen wird, um seine Chancen auszubauen.

---

[70] Vgl. ZigBee Alliance (2017b), URL siehe Elektronische Quellen
[71] Vgl. Europäisches Patentamt (2017), URL siehe Elektronische Quellen

4 Schlussbetrachtung und Ausblick

Mit der vorliegenden Arbeit konnten aktuelle technologische Grundlagen für ein Smart Home beleuchtet und ein Überblick der aktuellen Marktsituation gegeben werden. Dabei wurden insbesondere die fehlende Interoperabilität bestehender Angebote sowie die damit zusammenhängende Komplexität für Nachfrager als Wachstumsbarrieren festgestellt. Die erste Forschungsfrage erforderte die Untersuchung inwiefern die Integration, von Smart Home Methoden und Technologien in bestehende, mobile Plattformen, Nutzenpotentiale für Nachfrager bringt. Untersucht wurden dabei die Ansätze von Apple und Google. Dabei ließ sich eine Verringerung der Nutzungskomplexität für den Anwender innerhalb der Plattform feststellen. Mit dem Smartphone als Schaltzentrale entfallen Smart Hubs und Gateways und der Nutzer kann sein Smart Home per Fernzugriff steuern oder standortbasierte Aktionen einrichten. Die Barrieren der Interoperabilität, Transparenz sowie Sicherheit- und Privatsphäre, innerhalb des Smart Homes, wurden bisher von keiner der Plattformen zufriedenstellend gelöst.

Bei der Beantwortung der Frage nach den Chancen im Markt, wurden für Google weitaus bessere Voraussetzungen als für Apple festgestellt. Während Apple mit HomeKit ausschließlich iOS-Kunden mit speziell zertifizierten Produkten bedient, stellte sich Google wesentlich breiter auf. Mit Android Things, Thread und den Weave Protokollen sowie spezialisierten Cloud Services, ist Google zukünftig fähig, Entwicklern und Herstellen ein umfängliches Framework für die Entwicklung und Bereitstellung von Smart Home Geräten und Applikationen zu bieten.

Der Autor der vorliegenden Arbeit geht davon aus, dass das Problem fehlender Interoperabilität aufgrund wirtschaftlicher Interessenkonflikte vorerst bestehen bleibt. Sollte sich jedoch das Thread-Protokoll durchsetzen, hätte Google gute Chancen den Markt mit Android Things und Weave für sich zu entscheiden. In den nächsten Jahren werden mit Sicherheit beide mobile Plattformen, um die Betriebssysteme iOS und Android, an Bedeutung für das Smart Home der Zukunft gewinnen.

Literaturverzeichnis

Alphabet Inc. und Google Inc. (2015), Form 10-K - Annual Report Pursuant To Section 13 Or 15(d) Of The Securities Exchance Act Of 1934 For The Fiscal Year Ended Ended December 31, 2015, Washington D.C. 2015

Atzori, L., Iera, A. und Morabito, G. (2010), The Internet of Things - A survey, in: Computer Networks, 54, 2010, 15, S. 2787-2805

Balta-Ozkan, N., Boteler, B. und Amerighi, O. (2014), European smart home market development - Public views on technical and economic aspects across the United Kingdom, Germany and Italy, in: Energy Research & Social Science, 3, 2014, S. 65-77

Brush, A.B., Lee, A.B., Mahajan, R., Agarwal, S., Saroiu, S. und Dixon, C. (2011), Home Automation in the Wild: Challenges and Opportunities, in: SIGCHI, Tan, Fitzpatrick (Hrsg., 2011), S. 2115-2124

Cook, D. J. und Das, S. K. (2005), Smart environments - Technologies, protocols, and applications, Hoboken 2005

Google Inc. (2013), Form 10-K - Annual Report Pursuant To Section 13 Or 15(d) Of The Securities Exchance Act Of 1934 For The Fiscal Year Ended December 31, 2013, Washington D.C. 2013

Gubbi, J., Buyya, R., Marusic, S. und Palaniswami, M. (2013), Internet of Things (IoT) - A vision, architectural elements, and future directions, in: Future Generation Computer Systems, 29, 2013, 7, S. 1645-1660

IEEE (2016), 2016 3rd International Conference on Innovations in Information Embedded and Communication Systems (ICIIECS) 2016

IEEE und Sprague, R. H. (2012), 2012 45th Hawaii International Conference on System Sciences (HICSS), Piscataway, NJ 2012

Kum, M., Materzok, C., Sonnenschmidt, F. und Wagner, G. (2013), Licht ins Dunkel - Erfolgsfaktoren für das Smart Home, 2013

Lilis, G., Conus, G., Asadi, N. und Kayal, M. (2016), Towards the next generation of intelligent building - An assessment study of current automation and future IoT based systems with a proposal for transitional design, in: Sustainable Cities and Society, 28, 2016, S. 473-481

Mattern, F. und Flörkemeier, C. (2010), Vom Internet der Computer zum Internet der Dinge, in: Informatik-Spektrum, 33, 2010, 2, S. 107-121

Meyers, R.J., Williams, E.D. und Matthews, H.S. (2010), Scoping the potential of monitoring and control technologies to reduce energy use in homes, in: Energy and Buildings, 42, 2010, 5, S. 563-569

Mozer, M.C. (2005), Lessons from an Adaptive Home, in: Cook, Das (Hrsg., 2005), S. 271-294

SIGCHI, Tan, D. S. und Fitzpatrick, G. (2011), CHI '11 Proceedings of the SIGCHI Conference on Human Factors in Computing Systems Pages 2799-2802 // Proceedings of the 2011 annual conference on human factors in computing systems - Vancouver, BC, Canada : May 07-12, 2011, New York 2011

Sruthi, M. und Rajkumar, R. (2016), A study on development issues over IOT platforms, protocols and operating system, in: IEEE (Hrsg., 2016), S. 1-4

Stojkoska, B.L. und Trivodaliev, K. (2016) - A review of Internet of Things for smart home: Challenges and solutions, in: Journal of Cleaner Production, 140, 2016, S. 1454-1464

Tilson, D., Sorensen, C. und Lyytinen, K. (2012), Change and Control Paradoxes in Mobile Infrastructure Innovation: The Android and iOS Mobile Operating Systems Cases, in: IEEE, Sprague (Hrsg., 2012), S. 1324-1333

Xia, F., Yang, L.T., Wang, L. und Vinel, A. (2012), Internet of Things, in: International Journal of Communication Systems, 25, 2012, 9, S. 1101-1102

Elektronische Quellen

ABI Research (2010), Home Automation and Control: 2010 US Consumer Survey Results. Unter Mitarbeit von S. Lucero und K. Burden, Auf den Seiten von: https://www.abiresearch.com/market-research/product/ 1007398-home-automation-and-control/, Zugriff am 04.01.2017

Amazon.com (2017), Elgato Eve Energy - Kabelloser Stromsensor & Schalter mit Apple HomeKit-Unterstützung, Auf den Seiten von: https://www.amazon.de/Elgato-Kabelloser-Stromsensor-Schalter-HomeKit-Unterst%C3%BCtzung/dp/B00Y7PC93A, Zugriff am 08.01.2017

Apple Inc. (2016a), Automatisierung und Fernzugriff auf Ihre HomeKit-kompatible Heimelektronik, Auf den Seiten von: https://support.apple.com/de-de/HT207057, Stand: 17.10.2016,

Apple Inc. (2016b), HomeKit - Apple Developer - Working with HomeKit, Auf den Seiten von: https://developer.apple.com/homekit/, Zugriff am 02.01.2017

Apple Inc. (2016c), HomeKit | Apple Developer Documentation, Auf den Seiten von: https://developer.apple.com/reference/homekit, Stand: 12.12.2016

Apple Inc. (2016d), HomeKit Developer Guide, Auf den Seiten von: https://developer.apple.com/library/content/documentation/ NetworkingInternet/Conceptual/HomeKitDeveloperGuide/Introduction/ Introduction.html#//apple_ref/doc/uid/TP40015050, Stand: 13.09.2016,

Apple Inc. (2016e), iOS 8.0, Auf den Seiten von: https://developer.apple.com/library/content/releasenotes/General/ WhatsNewIniOS/Articles/iOS8.html, Stand: 13.09.2016,

Apple Inc. (2016f), Mit Apple HomeKit kompatible Geräte finden, Auf den Seiten von: https://support.apple.com/de-de/HT204903, Stand: 25.12.2016

Beare, B. (2016), Brillo/Weave Part 1: High Level Introduction - Open IoT Summit, Herausgegeben von Linux Foundation, Auf den Seiten von: http://events.linuxfoundation.org/sites/events/files/slides/ Brillo%20and%20Weave%20-%20Introduction_v3_1.pdf, Zugriff am 08.01.2017

Christiano, M. (2015), The New Wireless Thread Network Protocol, Herausgegeben von EETech Media LLC, Auf den Seiten von: http://www.allaboutcircuits.com/technical-articles/thread-network-protocol/, Stand: 24.09.2015,

Europäisches Patentamt (2017), Espacenet Patent Search, Auf den Seiten von: https://worldwide.espacenet.com/, Zugriff am 06.01.2017

Forbes Inc. (2016), The World's Biggest Public Companies, Auf den Seiten von: http://www.forbes.com/global2000/list/#tab:overall, Zugriff am 07.01.2017

Google Inc. (2015), Google I/O 2015 - Video, Auf den Seiten von: https://events.google.com/io2015/about, Zugriff am 08.01.2017

Google Inc. (2016a), Overview | Android Things, Auf den Seiten von: https://developer.android.com/things/sdk/index.html, Stand: 20.12.2016

Google Inc. (2016b), What Is Weave?, Auf den Seiten von: https://developers.google.com/weave/guides/overview/what-is-weave, Stand: 13.12.2016

Google Inc. (2017a), Google Home, Auf den Seiten von: https://madeby.google.com/home/, Stand: 06.01.2017

Google Inc. (2017b), Google Home - Compatible Partners, Auf den Seiten von: https://madeby.google.com/home/services/, Stand: 06.01.2017

Google Inc. (2017c), Google Trends - Smart Home und Internet der Dinge, Auf den Seiten von: https://www.google.de/trends/explore?date=2008-06-12%202017-01-06&q=Smart%20Home,%2Fm%2F02vnd10, Zugriff am 06.01.2017

Google Inc. (2017d), Pixel. Phone by Google, Auf den Seiten von: https://madeby.google.com/intl/de_de/phone/, Stand: 06.01.2017

Google Inc. (2017e), Weave, Auf den Seiten von: https://developers.google.com/weave/, Stand: 13.12.2016

Higginbotham, S. (2015), Weave is Nest's answer to Apple's HomeKit, Herausgegeben von Time Inc., Auf den Seiten von: http://fortune.com/2015/10/01/nest-weave-homekit/, Stand: 02.11.2015

IDC (2016), Smartphone OS Market Share, Auf den Seiten von: http://www.idc.com/promo/smartphone-market-share/os;jsessionid=BD086191ABCD7867026BC337898D7F13, Zugriff am 07.01.2017 innogy SE (2017), innogy SmartHome, Auf den Seiten von: https://www.rwe-smarthome.de/web/cms/de/2768534/home/, Zugriff am 05.01.2017

Internet Society (2014), World IPv6 Launch, Auf den Seiten von: http://www.worldipv6launch.org/, Zugriff am 05.01.2017

LiftMaster (2017), workswithnest, Auf den Seiten von: https://www.liftmaster.com/liftmaster/media/liftmaster/ partnerships/nest%20update%201215/workswithest.jpg ?width=550&height=250&ext=.jpg, Stand: 01.12.2015

Nest Labs Inc. (2016a), Nest Announces Open Source Implementation of Thread, Auf den Seiten von: https://nest.com/press/nest-announces-open-source-implementation-of-thread/, Zugriff am 07.01.2017

Nest Labs Inc. (2016b), Nest Developers, Auf den Seiten von: https://developers.nest.com/, Stand: 14.12.2016

Nest Labs Inc. (2016c), Nest Introduces Nest Weave, Auf den Seiten von: https://nest.com/press/nest-introduces-nest-weave-creating-most-comprehensive-developer-platform-for-the-home/, Zugriff am 07.01.2017

Nest Labs Inc. (2016d), Nest Weave Overview, Auf den Seiten von: https://developers.nest.com/documentation/weave/weave-overview/, Stand: 14.12.2016

Nest Labs Inc. (2017a), About us, Auf den Seiten von: https://nest.com/about/, Zugriff am 03.01.2017

Nest Labs Inc. (2017b), Dropcam Login, Herausgegeben von Nest Labs Inc., Auf den Seiten von: https://www.dropcam.com/login, Zugriff am 03.01.2017

Nest Labs Inc. (2017c), Home - Products, Herausgegeben von Nest Labs Inc., Auf den Seiten von: https://nest.com/, Zugriff am 03.01.2017

Nest Labs Inc. (2017d), Meet the Nest Learning Thermostat, Auf den Seiten von: https://nest.com/thermostat/meet-nest-thermostat/, Zugriff am 03.01.2017

Nest Labs Inc. (20016), Nest Thermostat, Nest Protect and Nest Cam support, Auf den Seiten von: https://nest.com/support/article/What-is-Bluetooth-Low-Energy-BLE-and-do-I-need-it-to-use-Nest-Products, Zugriff am 07.01.2017

Robert Bosch Smart Home GmbH (2017), Bosch Smart Home: Sicherheit und Komfort aus einer Hand, Auf den Seiten von: https://www.bosch-smarthome.com/de/de?WT.mc_id=explido_adword, Zugriff am 05.01.2017

SmartThings, I. (2017), SmartThings, Auf den Seiten von:
https://www.smartthings.com/, Zugriff am 05.01.2017

Statista GmbH (2016a), Smart Home - Statista-Dossier, Auf den Seiten von:
https://de.statista.com/statistik/studie/id/6638/dokument/heimvernetzung-
statista-dossier/, Zugriff am 06.01.2017

Statista GmbH (2016b), Smart Home Marktprognose, Auf den Seiten von:
https://de.statista.com/outlook/279/100/smart-home/weltweit#, Zugriff am
05.01.2017

Statista GmbH (2016c), Smart Home: Nachfragestruktur und Umsatzpotenzial, Auf
den Seiten von: https://de.statista.com/statistik/studie/id/34236/
dokument/smart-home-nachfragestruktur-und-umsatzpotenzial/, Zugriff am
06.01.2017

Statista GmbH (2016d), Smartphones: Marktanteile der Handy-Marktführer bis
2016, Auf den Seiten von: https://de.statista.com/statistik/daten/
studie/173056/umfrage/weltweite-marktanteile-der-smartphone-hersteller-seit-
4-quartal-2009/, Zugriff am 07.01.2017

Telekom Deutschland GmbH (2017), Magenta SmartHome, Auf den Seiten von:
https://www.smarthome.de/, Zugriff am 05.01.2017

Thread Group (2017), About, Auf den Seiten von:
http://threadgroup.org/About#OurMembers, Zugriff am 08.01.2017

Tilley, A. (2015), Apple's HomeKit Is Proving To Be Too Demanding For Bluetooth
Smart Home Devices, Auf den Seiten von: http://www.forbes.com/sites/
aarontilley/2015/07/21/whats-the-hold-up-for-apples-homekit/#7f599974322b,
Stand: 21.07.215, Zugriff am 23.12.2016

x10.com (2017), X10 Basics, Auf den Seiten von: https://www.x10.com/
x10-basics.html, Zugriff am 04.01.2017

Yahoo! Inc. (2017a), AAPL Kennzahlen | Apple Inc. Stock, Auf den Seiten von:
https://de.finance.yahoo.com/q/ks?s=AAPL, Stand: 07.01.2017

Yahoo! Inc. (2017b), GOOG Kennzahlen | Alphabet Inc. Stock, Auf den Seiten
von: https://de.finance.yahoo.com/q/ks?s=GOOG, Stand: 07.01.2017

ZigBee Alliance (2016), ZigBee Alliance Liaisons with Thread Group on IoT Solu-
tion, Auf den Seiten von: http://www.zigbee.org/zigbee-alliance-creating-
end-to-end-iot-product-development-solution-that-brings/, Zugriff am
07.01.2017

ZigBee Alliance (2017a), What is ZigBee?, Auf den Seiten von:

    http://www.zigbee.org/what-is-zigbee/, Zugriff am 09.01.2017

ZigBee Alliance (2017b), ZigBee Press Releases, Auf den Seiten von:

    http://www.zigbee.org/category/zigbee-press-releases/, Zugriff am 08.01.2017

Z-Wave Alliance (2017), Alliance Overview, Auf den Seiten von:

    http://z-wavealliance.org/z-wave-alliance-overview/, Zugriff am 08.01.2017

www.ingramcontent.com/pod-product-compliance
Lightning Source LLC
La Vergne TN
LVHW042311060326
832902LV00009B/1408